Reading Hieroglyphs

Student Work Book

The Eloquent Peasant

ISBN-13: 978-1515354093

ISBN-10: 1515354091

http://arkpublishing.co.uk

Bernard Paul Badham

Copyright © 2015 Bernard Paul Badham. All rights reserved. No portion of this book may be reproduced, mechanically, electronically, or by any other means, including photocopying, without written permission of the author.

'For the one who should see, has become blind, the one who should hear, is made deaf.'

'The one who should lead, has become one who has gone astray.'

The Eloquent Peasant 1800 BC Egypt

'The Eloquent Peasant'

Papyrus of the Tale of the Eloquent Peasant

From Egypt
Late 12th Dynasty, around 1800 BC

One of the major literary texts of the Middle Kingdom

The Tale of the Eloquent Peasant is an extremely important poem from the Middle Kingdom (2040-1750 BC), the 'classical' period of Egyptian literature. This papyrus, known as Papyrus Butler, contains part of the opening of the story.

The events are set in the reign of a king of the Ninth/Tenth Dynasties (around 2160-2025 BC). A peasant trader sets out from the area of the Wadi Natrun (west of the Delta) and travels south towards Herakleopolis. A man named Nemtynakht covets the poor man's goods. When one of the peasant's donkeys eats grain from a field for which Nemtynakht is responsible, he cruelly confiscates the goods. The peasant petitions Rensi, the owner of the estate. Rensi is so taken by the petitioner's eloquence that he reports this astonishing discovery to the king. The king realises the peasant has been wronged but delays judgement, so as to hear more of his eloquence. The peasant makes a total of nine petitions, each more desperate and more eloquent than the last. Finally, Nemtynakht is punished, and the peasant's goods are returned.

The irony of the plot, and of the situation (the contrast between the social status of the peasant and his elaborate discourse), were part of the appeal to the original élite audience. The text is a questioning of social and divine justice.

Guideline Example of Trasliteration and Transalation:

1. Identify words using a red pen (as the ancient scribes): phonograms usually start a word and determinatives end the word, as does the single, dual and plural strokes or the feminine ending **t** or the abstract sign of a papyrus scroll.

2. Write out the phonetic transliteration (how it sounds in ancient Egyptian minus the vowels).

Golden Rule: transliterate in groups of a maximum of three words, the word groups oftern start with a preposition such as: **r, n, m** 'to, for, in' etc and end with a suffix pronoun, such as: **.f** '.he'

This is done for you in light grey, but still confirm.

3. Using a hieroglyphic dictionary* write out the literal translation of each word with alternative meanings - maintain the same word order.

4. Put into English word order - this step may be ommitted depending on the difficulty of the text.

5. Write out the full English translation:

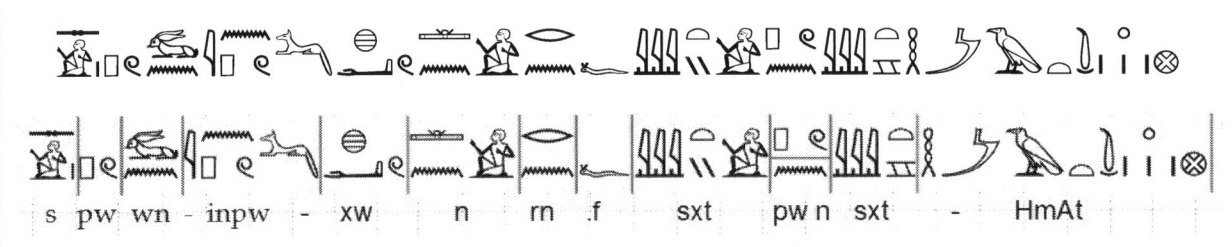

s pw, wn-inpw-xw.n, rn.f, sxty pw, n sxt-HmAt

man this, Wen-Inpu-Khu-en, name.his, peasant this, of Sekhet-Hemat (Wadi Natron)
this man Wen-Inpu-Khu-en this peasant of Wadi-Natron

'This man's name is Khu-en-wen-Inpu, he was a peasant of Wadi Natron.'

* *Sign List & Vocabulary Extended Edition - Learning to Read Hieroglyphs and Ancient Egyptian Art* by Bernard Paul Badham   ISBN-10: 1508549990   ISBN-13: 978-1508549994   280 pages, 4000 entries.

THE TEXT

s pw, wn-inpw-xw.n, rn.f, sxty pw, n sxt-HmAt

ist, wn Hmt.f, mrt rn.s

Dd.n, sxty pn, Hmt.f tn, mt wi, m hAt, r kmt

r int, aqw im, n Xrdw, Sm swt, xA n.i, nA n it

nty m, pA mXr, m DAt, it n sf

aHa.n, xA.n.f, n.s, it HqAt 6

Note: 1 heqat = 4.8 litres, therefore 6 heqat = 28.8 litres (6.34 gallons)

Dd.in, sxty pn, n Hmt.f, tn

mt [...] n.t, it HqAt 2, r aqw, Hna Xrdw.t

ir r.t, n.i, swt, tA it, HqAt 6, m t Hnqt, n hrw nb, kA anx.i, im.f hAt pw, sxty pn, r kmt, Atp.n.f, aAw.f, m iAA

rdmt, Hsmn, HmAt, xtw [...]

awnwt nt tA-iHw

Xnwt nt bAw, xAwt nt wnSw, nSAw

anw, tnmm, xpr-wr, sShwt, sAkswt

miswt, snt, ab(A?)w, ibsA, inbi, mnw

narww, wgsw, wbn, tbsw, gngnt

Snyt-tA, inst

mHw, m ini nb, nfr, n sxt-HmAt

Smt pw, ir.n, sxty pn, m xntyt

r Nni-nsw, spr pw, ir.n.f, r w n, pr-ffi, r mdnit

gm.n.f, s, aHa Hr mryt, nmty-nxt, rn.f, sA s pw, isry rn.f

Dt pw, nt imy-r pr, mrw sA rnsy, Dd in nmty-nxt pn

Dd in, nmty-nxt pn, mAA.f, aAw n sxty, pn

aAbyw ib.f, HA n.i, Ssp nb

awAw.i, Hnw, n sxty, pn, im.f

ist rf, pr nmty-nxt pn, Hr smA-tA, n r-wAt

Hns pw, n(n) wsx, is pw, qnn.f, r sxw, n dAiw

Note: the word: 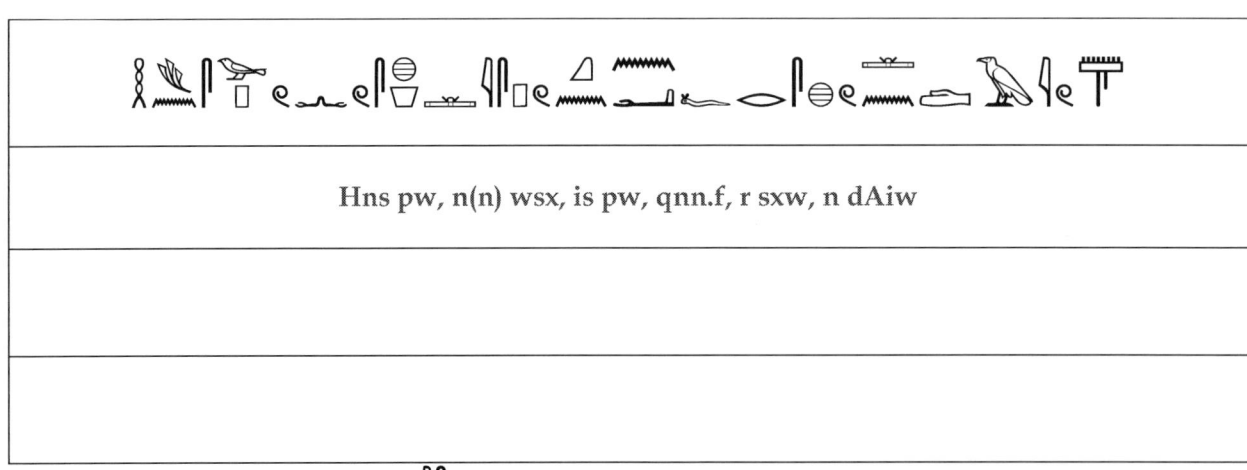 **is** enclitic particle 'after all, indeed, even, in fact'

iw, wAt.f, wat, Xr mw, kt Xr it

Dd n, nmty-nxt pn, n Smsw.f, is ini n.i, ifd, m pr.i

in.in.tw.f, n.f, Hr-a

aHa.n*, sS.n.f, sw, Hr smA-tA, r wAt

Note*: 𓊢𓈖 **aHa.n** introduces narrative past tense: 'pay attention, listen to this'

xnn sdb.f, Hr mw, npnpt.f, Hr it

Sm pw, ir.n, sxty pn, Hr wAt, nt rmT nb

Dd in, nmty-nxt pn, ir hrw sxty

n(n) xnd.k, Hr Hbsw, Dd in sxty pn

iry.i, Hst.k, nfr mTn.i

prt pw, ir.n.f, r Hrw, Dd,in, nmty-nxt pn

in iw, n.k, Smaw.i, r wat, Dd.in, sxty pn, nfr mTn.i

ixmt qA.ti, mTnw, Xr Sma

Hn.k, rf, wAt.nw, m Hbsw.k

in nn rf, di.k, s-wA.nw, Hr wAt

aHa-n, mH.n wa, nA n aA, r.f

m bAt nt Sma, Dd.in, nmty-nxt pn

mk, wi r nHm, aA.k, sxty Hr wnm.f, Sma-it.i

mk, sw, r hbit, Hr qn.f

Dd.in, sxty pn, nfr, mTnw.i, wat, HD.tw.s

ini.n.i, aA, Hr Sna 10, itit.k sw

Hr mHw, r.f, m bAt, nt Sma-it

iw.i, grt, rx.kwi nb, n spAt tn, ny-sy, imy-r pr wr, mrw sA rnsy

ntf grt, xsf awAw nb, m tA pn, r Dr.f

in, awAw.tw, rf, m spAt.f

Dd.in, nmty-nxt pn, in pA pw, xn n mdt, Ddw rmT

Note:  **pA** past tense marker 'used to, to have done in the past'

dm.tw, rn n Hwrw, Hr nb.f

ink pw, mdw n.k, iy-r pr wr, pw sxAy.k

Note: **pw** 'It is, They are, this, who? what? whichever?'

aHa.n, TA.n.f, n.f, iAAyt, nt isr wAD, r.f

aHn, aAg.f, at.f, nb, im.s, nHm aAw.f

s-aq, r spAt.f, wn.in, sxty pn, Hr r rmyt

Note: wn.in 'then'

aAw wrt, n mr n irryt, r.f

Dd.in, nmty-nxt pn, m qAi xrw.k, sxty

Note: 🦉 m in this contex means 'don't, do not'

mk.tw, r dmi, n nb sgr

Dd.in, sxty.pn, Hw.k, wi, awAw.k, Hnw.i

nHm.k, rf, nxwt, m r.i

nb sgr, di.k, rk, n.i, xt.i

ix, tm.i, sbH nrw.k

Note: tm negates the sentence 'not do'

ir.n, sxty pn, aHaw 10, r hrw 10, Hr spr, n nmty-nxt pn

n(n) rdi.f, mAa.f, r.s

Smt pw, ir.n, sxty pn, r nni-nsw

r-spr, n imr-r pr wr, mrw sA rnsy

gm.n.f, sw, Hr prt, m sbA, n pr.f

r hAt, r qAqAw.f, n arryt

Dd.in, sxty pn, HA rdi.tw s-wDA.i ib.k, Hr

pA, xn n mdt

sp pw, rdi.tw, iwt n.i, Smsw.k, n xrt.ib.k

Note: **xrt-ib** 'wish, desire, favour (lit. 'under-heart')'

hAb.i, n.k, sw, Hr.s

rdi.in, imy-r per wr, mrw sA rnsy, Sm Smsw.f, n xrt-ib.f

tp-im.f, hAb sw, sxty pn, Hr mdt tn, mi qi.s, nb

Note: **mi-qi** 'according to'

wn.in, imy-r pr wr, mrw sA rensy, Hr srxt, nmty-nxt pn

Note: **wn.in** 'when'

n srw, nty r gs.f

Dd.in.sn, n.f, smwn sxty.f, pw, wi n ky, r gs.f

Note: ○ **pw** 'it is, they are, this, who? what? whichever?'

mk, irt.sn, pw, r sxt-tyw.sn

iww n kt-xt, r-gs.sn, mk irrt.sn pw

sp pw, xsf.tw, n nmty-nxt pn

Hr, nhy Hsmn, Hna nhy, n HmAt

wD.tw, n.f, DbA st, DbA.f, st

gr pw, ir.n, imy-r pr wr, mrw sA rnsy

n wSb.f, n nn srw, wSb.f, n sxty pn

iw.in, r.f, sxty pn, r spr, n imy-r pr wr, mrw sA rnsy

Dd.f, imy-r pr wr, nb.i, wr n wrw

sSmw, n iwtt ntt

ir hA.k, r S, n mAat

sqd.k, im.f, mAaw

nn kf ndbyt, HtA.k, nn ihm, dpwt.k

nn iwt iyt, m xt.k, nn swA sgrgw.k

nn sxm.k, HAaa.k, Hr tA, nn Tt tw nwt

nn dp.k, Dwt, nt itrw, nn mA.k, Hr snd

iw n.k, rmw, Snayw pH.k, m Apd

Hr ntt, it, n nmHy, hi n xArt

sn n wDat, Sndyt nt iwtw, mwt.f

imi iry.i, rn.k, m tA pn, r hp nb nfr

Note: imi 'give, place, cause'

sSmw, Sw m awn-ib

wr, Sw m nDyt, sHtmw grg

s-xpr mAat, ii Hr, xrw aai

Dd.i, sDm.k, ir mAat, Hsy, Hss, Hsyw

dr sAirw, mk wi, Atp.kw(i) [m] ianw

mk wi, fn.kwi, Hr.f, ip wi, mk, wi, m nhw

ist rf, Dd.n, sxty tn, m rk, Hm n nsw bity (nb-kA-w-ra) mAa xrw

Smt pw, ir.n, imy-r pr wr, mrw sA rnsy, tp-m, Hm.f, Dd.f

nb.i, iw, gm.n.i, wa m nn, n sxty, nfr mdw, n wn mAa

awA Hnw.f, in s, nty r aqA.i

mk, sw, iw.w spr, n.i, Hr.s

Dd.in, Hm.f, m mrr.k, mA.i sn.kwi

swdf.k, sw, aA nn wSb, r Ddt nbt

in mrwt, wn.f, Hr

ix, in.tw n.nw, m sS, sDm.nw st

ir nswt anx Hmt, Hna Xrd.f

mk iw wa, m nA sxty, r Swt pr.f, r tA

ir grt anx sxty pn, m Haw.f

wnn.k, Hr rdit, di.tw, n.f, aqw, nn rdit rx.f, ntt ntk, rdi.n.f, st

wn.in.tw, Hr rdit n.f, t 10, Hnqt ds 2, rdi ra nb

dd st, imy-r pr wr, mrw sA rnsy, dd.f, st

Note: dd from rdi: to-give/put/place/cause 'who gives/puts/places/causes'

n xnms.f, nt.f, dd.n.f, st

aHa-n: hAb.n, imy-r-per wr, mrw sA rnsy, n hqA-Hwt

n sxt-HmAt, Hr irt, aqw, n Hmt, sxty pn

𓅓𓇋𓏏𓏥𓂖𓏪𓈖𓃀𓇳
m it HqAt 3, ra nb

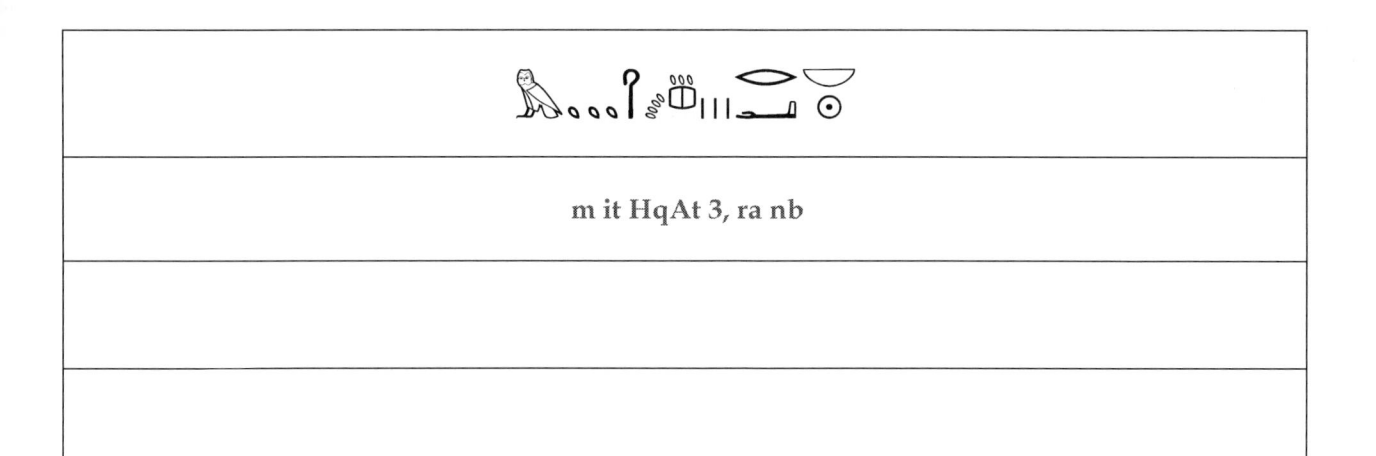

Note: one heqat = 4.54 litres = 1 gallon

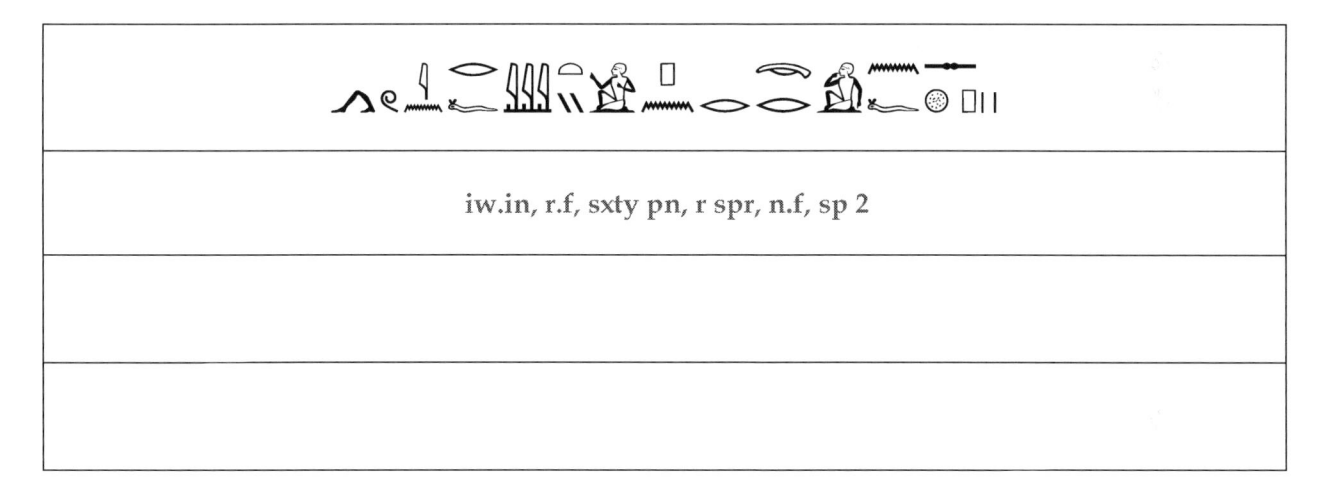

(hieroglyphs)
iw.in, r.f, sxty pn, r spr, n.f, sp 2

(hieroglyphs)
Dd.f, imy-r-pr-wr, nb.i, wr n wrw, xwd n xwdw

nty wn, wr n wrw.f, xwd n xwdw.f

Hmw n pt, sAw n tA, xAy fAi wdnw

Hmw m sbn, sAw m gsA, xAy m ir nwdw

nb wr, Hr iTt, m iwtt, nb.s, Hr HaDA, Hr wa

Xrt.k, m pr.k, Hnqt Hnw, Hna tA 3

ptr pn, pnqt.k, m s-sAt, twAw.k

in mwt mwt, Hna Xrw.f, in-iw.k, r s n nHH

iw is pw, iwsw, gsAw, tx, nnm

mti mAa xpr m tbnX

𓅓𓎡 𓌳𓐙𓂝𓏏 𓅱𓏏𓐍𓋴 𓐍𓂋𓎡 𓌰𓈙𓏏𓇋𓇋 𓅓 𓊨𓉐𓋴
mk, mAat wtx.s, Xr.k, nS.ti, m st.s

Note: 𓇋𓇋 **ti** phonetic sound **ti**, enclitic particle, not usually translated: 'yes, yeah'

𓀙 𓁷 𓇋𓂋𓇋𓏏 𓎛𓎿𓃀 𓈖 𓌃𓂧𓏏 𓁷 𓄊
srw, Hr iryt Hsb, n mdt, Hr gs

𓄔𓅓𓇋𓇋𓅱 𓁷 𓐍𓈖𓊪 𓇋𓏏𓏏𓆑
sDmyw, Hr xnp, itt.f

siAty pw, n mdt, m aqA.s, Hr irt rf, nwdw im.s

rdi TAw, Hr gAt, Hr tA, srfw, Hr rdt, nSp.tw

psSw, m awnw, dr sAir m wD, irt.f

Note: **dr** 'remove (evil/need), repress (wrongdoer), destroy (places), subdue (enemies), expel, drive out (people, illness), lay down (flooring), overlay (floor)

dmi, m wDnw.f, xsf iw, Hr irt iyt

Dd.in, imy-r pr wr, mrw sA rnsy

in aAt pw, n.k, imy Hr-ib.k, r Tt.tw, Smsw

Dd.in. sxty pn, xAw n, aHaw, Hr siAT, n.f

mH n ky, Hr hqs, hAw.f

sSm r hpw, Hr wDw awAt

nm irf, xsf bw-Hwrw, dr nw, Hr irt nwd, aqA ky, Hr xAbb

wfA ky, ir iyt, tr gm.k, rk n.k

Hwa xsf, Aw iyt, bi, r st.f, nt sf

wD rf pw, ir n irr, r rdit, ir.f

dwA-nTr n.f, pw, Hr irrt.f, nit xt pw, tp-a st

wD ixt pw, Hnty

HA AAt, s-Htm.s, pna, m rwi.k

anD m Apdw.k, xbA m wbHw.k

pr mAw Spw irt sDm sxw

57

sSmw xpr, m stnmw

anbrw in, tr snb.n.k

irr.k, r.k irf, r-m, mk tw, nxt wsr a.k

pr ib.k, awn, sf swA, Hr.k, nx.wy

nx.wy, mAr sky.k

twt.k, n wpwty n xnty

𓅓𓎡𓏏𓅆𓅓𓎡𓅱𓀁 (hieroglyphs)
mk Tw, s-wAti nbt idw

(hieroglyphs)
nn n.k, nn n.s, nn.s, nn r.k, n irr.k, st, n irr.st

(hieroglyphs)
sf nb t, nxt n xnr

[hieroglyphs]
twt TAwt, n iwtw, ixt.f, xnp ixt in xnr

[hieroglyphs]
sp bin, iwti, Swiw, nn rf, Ts.tw, im.f, HH n.f, pw

[hieroglyphs]
iw.k, swt sAt.ti, m t.k, txt m Hqt

iw.k, xwd, m sSrw nbw

iw, Hr n Hmy, r HAt, sbn dpt, r mrr.s

iw nsw m xnty, iw, Hmw, m a.k

rdi.tw, iyt, m hAw.k, Aw sprw.i, wdn fdq

iSst pw, nty im, kA tw, ir ibw, snb mryt.k

Note: ⌒𝑒 **tw** 'you, your, one, this, that'

mk dmi.k, Snw kApw, aqA ns.k

imi.k, tnmw, tAmw pw, n s, at im.f

Note: imi negates the verb

m Dd grg, zAw srw

mnDm pw, aDyw sDmyw, smw.sn, pw, Dd grg

wn.f, isw, Hr ib.sn, rx-xt, n rmT, nbt

in xm.k, m hAw.i, dr sAir, n mw nb

mk wi, Xr mTnw, iw

mH nb, Sdi bgAw, Xdr.k, wi, m hAw, ir Dr.k

iw.in, rf sxty pn, spr n.f, 3-nw sp, Dd.f: imy-r-pr-wr, nb.i

ntk ra, nb pt, Hna Snwt.k

iw, Xrt bw-nb, im.k, mi nwy, ntk Hapy

s-wAD SAw, grg, iAwt xbAwt

xsf awAw, nD, Hr mAr

m xpr, m wDnw, r sprw, sAw, tkn n nHH

mr wAH mi Dd: TAw pw, n fnd mAat

ir xsft, r xsfw, n.f, nn sn.tw, r tp-Hsb.k

in iw, iwsw, nnm.f, in iw, mxAt, Hr rdit, Hr gs

in iw, rf DHwty, sfn ix r, ir.k iyt

rdi.k, tw snnw, n 3 pn, ir sfn 3, xr.k, sfn.k

m wSb nfrt, m bint, m rdi kt, m st kt

rwd mdt, snmyt, r dmi, n xnm, m wSb.s

ntf mw iyt, r rdit, rd Hbsw, spw 3 pw, r rdit ir.f

ir rk, Hmw, r ndbyt, Sdi wDnw, r irt mAat

sA HA.k, rk Hr nfryt, aqAyt, nt tA, irt mAatw

m Dd, grg.k, iw.k, wr.ti, m is, iw.k, dns.ti

m Dd grg, ntk iwsw, m tnbXw, ntk tp

mk tw, m tp wa, Hna iwsw, ir gsA.f, xr.k, gsA.k

m sbn, ir rk, Hmw Sd, Hr nfryt

m iT, ir rk, r iTw, n wr is pw, wr, im awn-ib

tx pw, ns.k, dbn pw, ib.k, rmnw pw, spti.ky

ir Hbs.k, Hr.k, r nxt-Hr, nm irf, xsf.f, bw-Hwrw

mk tw, m Hwrw, n rxty, awn-ib, Hr HDt, xnms

btA n mHnk.f, n twA.f, sn.f, pw, iy in, n.f

mk tw, mXnty, DA nb, hmt

aqAy, aqA.f, fdqw

mk tw, m Hry Snaw, n rdi.n.f, swA Sw, Hr-a

mk tw, TnHr n rxyt, anx m Hwrw nw Apdw

mk tw, rdpw, rS.f, pw rxs

nn iAtyw, iry r.f, mk tw, m mniw, nn Dw.s, is r.i

nn ip, n.k, ix ir.k, nhw, m msH, skn

ibw tSw, r dmi, n tA, r Dr.f

sDmw nA, sDm.n.k, tm.k, tr sDm Hr-m

iw min, A, xsf.n.i, Adw, iw msH, xt.f

tr rf, km iry n.k, gm.tw, imnw mAat

rdi.tw sA, grg r tA, m grg, dwA, n iit.f

n rx.n.tw, iyt im.f, ist rf, Dd.n, sxty pn, mdt tn

imy-r pr wr, mrw sA rnsy, r pgA, n arryt

aHa.n, rdi.n.f, aHa imi-sA 2, r.f, Xr smiw

aha.n, aAg.sn, at.f, nb im

Dd.in, sxty pn, sA mrw tnm.xr.f

Hr.f, Spw, r mAAt.f, sxw, r sDmt.f

thi ib, Hr sxAyt, n.f

mk tw, m niwt, nn HqA-Hwt.s, mi Xt, nn wr.s

mi dpt, nn sxry, im.s

smAyt nn sSmw.s

mk tw, m Snt iTA, HqA-Hwt Sspw

imy-r w, xsf haDA, xpr m imy-HAt, n irr

iw in, rf sxty pn, r spr, n.f, 4-nw sp

gm.n sw, Hr prt, m sbA, n Hwt-nTr, nt Hry-S.f

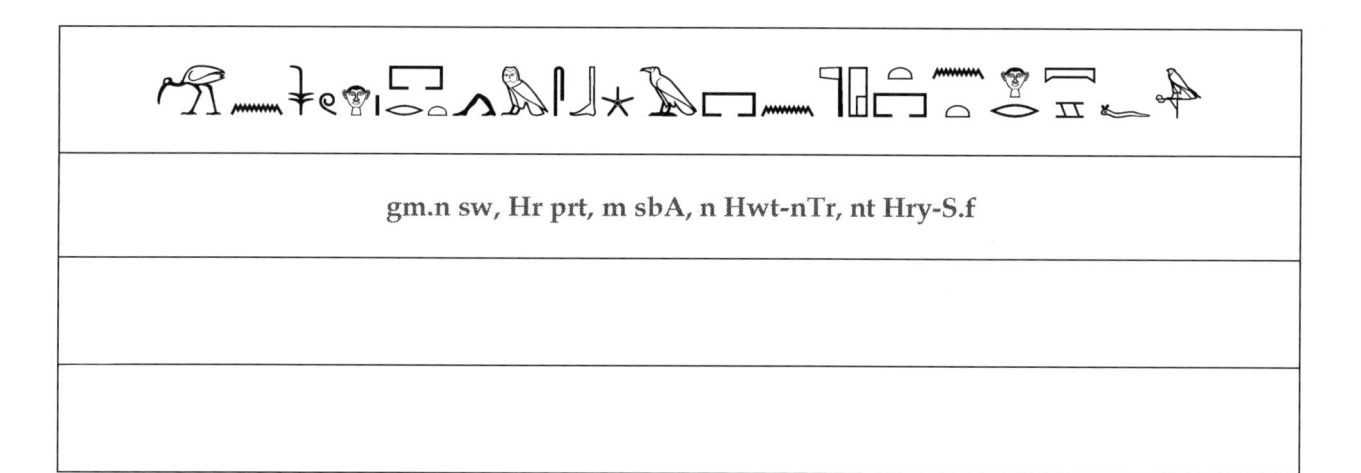

Note: Heryshef was an ancient creator and fertility god and god of the riverbanks, whose name translates as 'he who is on his lake'. His cult was located at Hwt-nen-nesu (Hnes, Herakleopolis Magna), but he was also referred to as the ruler of Iunu (Heliopolis).

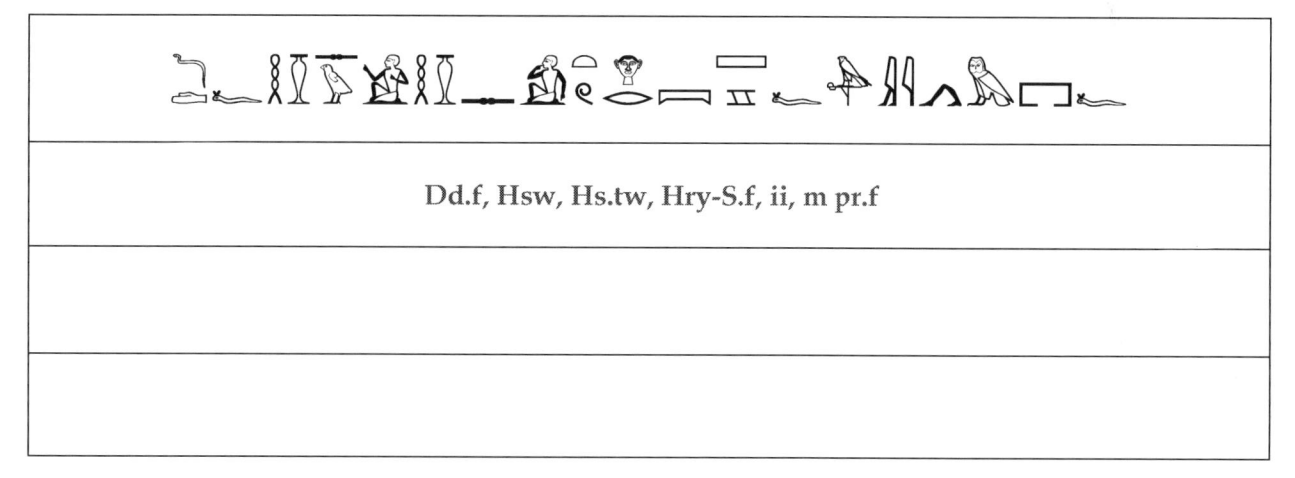

Dd.f, Hsw, Hs.tw, Hry-S.f, ii, m pr.f

HD bw-nfr, nn iabt.f, ptx sA, n grg, r tA

in tw tA, mXnt, s-aq.ti, s-DA.tw, then who?

s-xpr sp, msdd DAt

itrw m sA, tbwty, DAt nfr, nn nm tr s-Dr r sSp

HD Smt m grH sbi m hrw

rdt aHa s, r sp.f, nfr, n wn mAat

mk nn km n Dd n.k, st, sf s-wA, Hr.k

nx.wy, mAr, sky.k, mk tw, mHw

ia-ib.f, wdd (wdb?), r irt, mrt.f, xAa dbw

st SmAw, pH rmw, sxt Apdw

nn xAx r, Sw, m warw, nn is-ib, dns sxr-xt

wAH-ib.k, rx.k, mAat

dAr stpt.k, r nfr, bss grw

nn sXmw, mDd, bw-ixr, nn, wn xAx ib, in.tw

rdi sgmH, irti swDA.tw, ib

m kAhsw, xft, wsr.k, tm spr bw-Dw, r.k

swA Hr sp, iw.f, r snw, in wnn dp

iw wSdw, wSb.f, in sDrw, mAA rswt

ir wDa-rwt, m xsfw, n.f

iw.f, m imi-HAt n irr, wxA, mk.tw, pHti

xm-ixt, mk tw, wSd

pnqy mw, mk tw, aqt

Hmy m sbn, dpwt.k, s-anxw m rdi mwt tw

sHtmw m rdi Htm.tw, Swyt m ir, m Sw

ibw rdi m, iT msH

4-nw spA, m spr, n.k, in rf, wrS.i, r.f

iw.in, rf, sxty pn, r spr, n.f, 5-nw sp

Dd.f, imy-r pr-wr, nb.i, iw xwdw, Hr [...] mHyt

nyw, Hr s-mA, iy-in

st rmw, Hr xAx awbbw

DAbHw r pAqrw, iw wHa, xbA.f, itrw

mk tw, mnt, iry, m awn Hwrw, Hr ixt.f

fn, rx.n sw, TAw pw, n mAr, ixt.f

dbb fnD.f, pw, nHm st, rdi.n.tw.k, r sDm

r wDa snwy, r xsf, awA-irr.f

mk fA pw, n iTA, irry.k

iw, mH.tw-ib.f, xprt m thw

rdi.n.tw.k, r dnit n mAr, sAw mh.f

mk.tw, m S.f, stAw

iw.in, rf sxty pn, r spr, n.f, 6-nw sp

Dd.f: imr-r pr wr, nb.i, nb sisi.f grg

s-xpr mAat, s-xpr, bw-nb-nfr, s-Htm bw

mi iw sAw, Dr.f Hqr, Hbsw Dr.f, HAwt

mi Htp pt, r-sA, DA qA, sSmm-s, Hsw nb

mi xt, pst wADwt, mi mw ibt

mAA Hr.k, psSw m awnw

shrr, m ir Ahw, stwt m ir mnt

iw siAt, sSrr.f, mAat mH-nfr, n hqs

n wbn mAat, ir in.k, im n snnw.k

wgyt Sw.ti m aqA

iw, Ahw, sSm.f, iwdt

iw srxy, in,n.f, rwwt, n rx.n.tw, wnnt m ib

m wsf, ir rk.k, r smit, fdq.k, nm Ts.f

aHA-mw, m a.k, mi xt wn, sp n mwy, xpr

ir aq dpt, iw Sd.tw.s, Aq ATpw.s, n tA, Hr mrywt nbt

iw.k, sbA.ti, iw.k, wbA.ti, iw.k, twt, n is n awn

iw.k, ir.k.tw, twtw bw-nb, iw hAw.k, m nwdw

aqA iAty, n tA, r Dr.f

kAny n bw-Hwrw, Hr ntf, Hsp.f, m iwyt

r s-xpr, Hsp.f, m grg, r ntf, iyt n Dt

iw.in, r.f, sxty pn, r spr, n.f, 7-nw sp, Dd.f

imy-r pr wr, nb.i, ntk Hmw, n tA, r Dr.f

sqd tA, xft wD.k, ntk snw n DHwty

wD nn rdit, Hr gs, nb.i, wAH.k, nis tw

s, r sp.f, n wn-mAa, SnT-ib.k, st

xpr Aw-Hr, m Hwa-ib, m wA, ntt, nn iyt

m haw, n ntt, n xprt, iw wxd, sAw.f, m xnms

s-Htm sp xpr, n rx.n.tw, wnnt m ib

xbA-hp HD tp-Hsb, nn mAr anx

HaDAw.f, n wSd, sw mAat

iw grt, Xt.i, mH.ti, ib.i, ATp, pri is, m Xt.i, n a iri

ngt pw, m dnit, mw.s Asw, wn r.i, r mdt

aHa, A aHA.n.i mri.i, pnq.n.i, mwy.i

snf.n.i, ntt, m Xt.i, iai.n.i, SAmw.i

xn.i, xpr, mAr.i, Dr xft-Hr.k

ptr, DArw.k, iw wsf.k, r thi.t.k

iw awn-ib.k, r s-wxA.k, iw snm.k, r s-xpr, xrwyw.k

in iw.k, swt, r gmt, ky sxty, mitw.i

in iw, wsfw, spry r aHa, r r, n pr.f

nn gr, rdi.n.k, mdw.f, nn s-Dr, rdi.n.k, rs.f

nn xbA, Hr spd.n.k

nn tm, r wn.n.k, nn xm, rdi.n.k, rx.f

nn wxA, sbA.n.k, Xsrw Dwt pw, srw

nbw bw-nfr, pw, Hmwt pw, nt s-xpr ntt, Tsw tp Hsq

iw in, sxty pn, r spr, n.f, 80nw sp, Dd.f

imy-r pr wr, nb.i, iw xr.tw, n Hnt wA

iw awn-ib, Sw.f, m sp, wn sp.f, n wht

iw awn-ib.k, nn n.k, st, iw, awA.k, nn Ax

rdi A aHa s, r sp.f, nfr, n wn mAa

Xrt.k, pw, m pr.k, Xt.k, mHt wbn it, Ttf.s

Aq prw.s, n tA, iTw, awA, nHmsw

srw ir.n.tw, r xsf, r iyt, ibww pw, n Adw

srw ir.n.tw, r xsf, r grg

n rdi.n, snD.k, spr n.k, n siA.n.k, ib.i

grw ann sw,r irt Tst, n.k, nn snD.n.f, n twA st

n in sn.f, r.k, m-Xnw mrrt

iw, A, Sdw.k, m sxt, iw fqA.k, m spAt

iw aqw.k, m Sna, iw, srw, Hr rdit, n.k

iw.k, Hr iTt, in iw.k, m awAy

iw, sTA.tw, n.k, skw, Hna.k, r psSt Sdwwt

ir mAat.k, n nb mAat, nty, wn mAat, nt mAat.f

ar Sfdw, gsty DHwty, Hr.ti, r irt iyt

nfr nfrt nfr, r.f, iw, swt mAat, r nHH

HAA.s, m-a, ir si, r Xrt-nTr, iw, qrs.tw.f, smA tA, im.f

nn sin.tw, rn.f, tp tA, iw.f, iw sxA.tw.f, Hr bw-nfr

tp-Hsb pw, n mdw-nTr, in iwsw pw, nn g(r)sA.n.f

in mxAt pw, nn rdi.n.s, Hr gs

mk, wi, r iwt, mk, ky r iwt, wSd.k

m wSbw, m wSd, grw

m pH, nty, nn pH.n.f, nn sf.n.k, nn mn.n.k

nn sksk.n.k, nn rdi.n.k, n.i, DbAw n mdt, tn nfrt

prt m r, n ra, Dsf, Dd mAat, ir mAat

Dr ntt wr.s, aA.s, wAH.s, gmw.tw, kft.s

sbw.s, r imAx, in gsA iwsw

Hnkw.f, pw, fAyw ixwt

nn xpr.n, prw, n tp-Hsb, nn spr.n, sp Xs, r (r) dmi

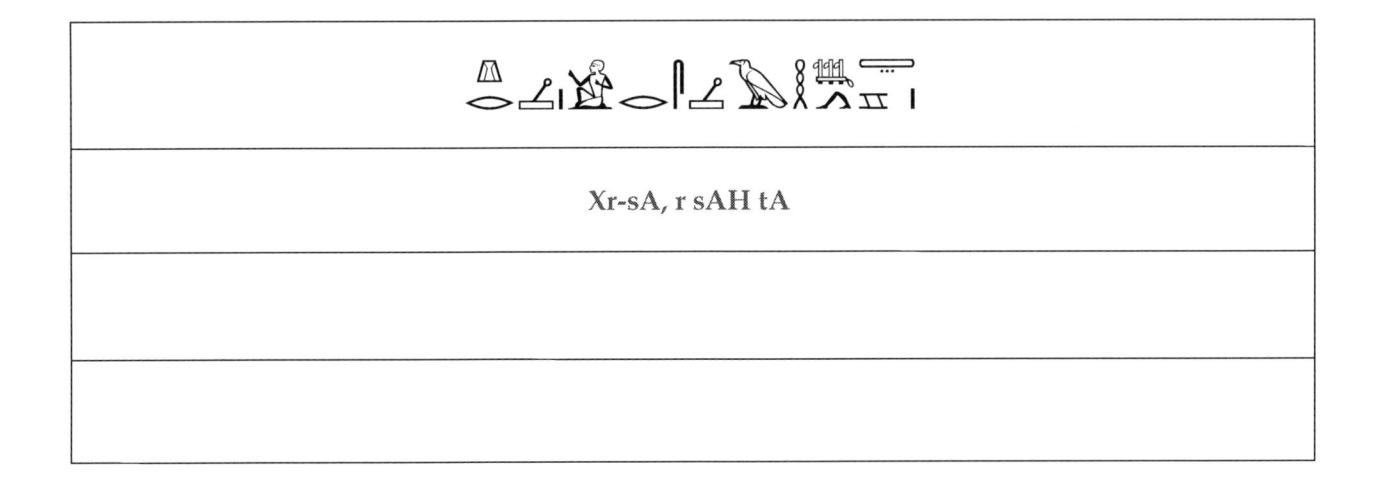

Xr-sA, r sAH tA

iw.in, rf, sxty pn, r spr, n.f, 9-nw sp

Dd.f, imy-r pr wr, nb.i, mxAt pw, nt rmT, ns.sn

in iwsw, DAr, DAt irr, xsft, r xsfw, n.f

tp-Hsb, r.k [...] grg, xpr, Xrt.f

ann s mAat, r aqA.f, xt pw, nt grg

mAat s-wAD.f, pw, nn nw.tw.f

ir Sm, grg, iw.f, tnm

nn DA.n.f, m mXnt, nn sSAA.(n.f)

ir, xwd, (x)X.f, nn msw.f

nn iwaww.f, tp tA, ir s-qdd, Xr.f, sAH.n.f, tA

nn mni.n, dpwt.f, r dmi.s, m dns, nn is.k

m ihm, nn xAx.k, m nma

m sDm, n ib, m Hbs, Hr.k, r rx.n.k

m Sp, Hr.k, r dg, n.k, m ni twA, Tw

hA.k, m pA wsf, smi.tw, Ts.k, ir n irr, n.k

m sDm, n bw-nb, r.f, nis s, r sp.f, n wn-mAa

nn sf, n wsfw, nn xnms, n sXi mAat

nn hrw nfr, n awn-ib

xpr wTsw, m mAry

mAir r sprw

xpr xft, m smAAw

mk wi, Hr spr, n.k, nn sDm, n.k, st

iw.i, r Smt, spr.i, Hr.k, n inpw

rdi in, imy-r-pr-wr, mrw sA, rnsy, Sm imi-sA-2, r an, n.f

wn in, sxty pn, snD ib.f, irr.tw, r xsf, n.f

Hr mdt, tn, Ddt.n.f, Dd in, sxty pn

xsfw n ib, m mw, DAt r, n Xrd

n sbnt, m irt, ntf mwt, n nHy, mA.f, n iyt.f

ii wdf, mwt.f, r.f

Dd in, imy-r-pr-wr, mrw sA rnsy, m snD, sxty

mk ir.k, r irt, Hna.i, rdi in sxty, pn, anx

Hr wnm.i, A! m t.k, swr.i, A! Hnqt.k, r nHH

Dd.n, imy-r pr wr, mrw sA, rnsy

sA grt aA, sDm.k, nAy.k, n sprwt

rdi in.f, Sd.tw, Hr art, mAt, sprt nbt, r Xrt.s

saq.in, s, imy-r pr-wr, mrw sA, rnsy, n Hm, n nsw bity (nb-kA-w-ra)

mAa-xrw, wn.in, nfr st, ib.f, r ixt ntt, m tA pn, r Dr.f

Dd.in, Hm.f, wDa.tw, Dsf.k, sA mrw

rdi in, imy-r pr wr, mrw sA rnsy, Sm imi-sA-2, r int, n nmty-nxt

aHa-n.f, ini.n, ir wpwt m [...] aHa-n, gm.n.f, tpw-6

Hrw-r [...], r Sma.f, r bti, r aAw.f

r SAw.f, r awt[.f] [...] [..] nmty-nxt pn, n sxty pn [...] t [...].f nbt

[...] n nmty-nxt pn [...] iw.f pw [HAt.f r pHwy-fy, mi gmyt, m sS]

USEFUL VOCABULARY

Xr 'under, carrying, holding, possessing, at head or foot, through of means, subject to someone's actions'

Dr 'end, since, before, until'

ntt 'that'

wn mAa 'true being, reality, true-right'

aHa 'stand, stand by, stand erect, raise oneself, stand up, rise up, arise, attend, wait, lifetime'

sp 'time, period, times, twice, matter, affair, deed, act, misdeed, fault, occasion, chance, venture, success'; note: **spt** 'threshing floor'

Hr face, sight; (prepostion with suffixes) 'upon, in, at, from, on account of, concerning, through, and, having on it, because'

Hr-awy 'immediately'

Hr-m 'why?'

Hr-sA 'upon, outside, after, in turn'

ti phonetic sound **ti**, enclitic particle: **yes, yeah**

ti phonetic sound **ti**, enclitic particle: **yes, yeah**

𓌒𓈖 **aHa.n** introduces narrative past tense: 'pay attention to this, listen to this'

𓇾𓂋 **tr** 'forsooth, pray'

𓄿 **A** enclitic particle, with exclamatory force 'A!'

𓈖𓄿 **nA** 'this, these, here, the, hither'

𓈎𓏏 **ist** 'lo'

𓂋𓆑 **rf** 'now, then'

𓇋𓂋𓏭𓏥 **iry** 'thereof, thereto'

𓇋𓂋 **ir** 'as to, if'

𓇋𓂋𓏭𓏥 **iry** 'thereof, thereto'

𓏏𓅱 **tw** 'you, your, one, this, that'

𓇋𓋴 **is** 'after all, indeed, even, in fact'

𓇋𓅱 **iw** 'is, are, behold' starts a sentence

𓁶𓎛𓋴𓃀 **tp-Hsb** 'reckoning, standard, rectitude (high moral standard)' lit. in front of reckoning

𓊪𓅱 **pw** 'It is, They are, this, who? what? whichever?

𓇋𓐍 **ix** 'then, therefore, what?'

138

xr   non enclitic particle: 'and, further'; auxillary verb: 'so says'; preposition: 'with, near, under (a king), speak (to), by (of agent)'

rk   'but, now'

xft   (preposition) 'in front of, in accordance with, as well as, corresponding to'; when, according to, at the time of, when, (speech) to (someone)

Note: **m**   enclitic particle (not translated); 'behold'; preposition 'in the hand, possession, charge of, together with, from'; imperative 'take'; interogative 'who, what'

'May you be given: Life - Prosperity - Health Forever and Ever'

http://arkpublishing.co.uk

Made in United States
Troutdale, OR
03/24/2024